A MONSIEUR GAMBETTA

PRÉSIDENT DE LA CHAMBRE DES DÉPUTÉS

> Le temps viendra, et c'est mon espérance
> la plus chère, où les maîtres en économie poli-
> tique seront dans les ateliers et dans les
> comptoirs.
>
> PROUDHON.

PARIS

IMPRIMERIE NOUVELLE (ASSOCIATION OUVRIÈRE)

14, RUE DES JEUNEURS, 14.

1881

A MONSIEUR GAMBETTA

PRÉSIDENT DE LA CHAMBRE DES DÉPUTÉS

> Le temps viendra, et c'est mon espérance
> la plus chère, où les maîtres en économie poli-
> tique seront dans les ateliers et dans les
> comptoirs.
>
> PROUDHON.

PARIS

IMPRIMERIE NOUVELLE (ASSOCIATION OUVRIÈRE)

14, RUE DES JEUNEURS, 14.

—

1881

A MONSIEUR GAMBETTA

PRÉSIDENT DE LA CHAMBRE DES DÉPUTÉS

Un de vos aides de camp politiques, M. Spuller, qui était ici il y a quelques jours, disait à uu cercle de favorisés : « Messieurs, apportez vos vues d'ensemble, vos études, vos idées; vous aiderez le gouvernement à la composition d'un programme réformateur. »

Je n'étais pas à la réunion; néanmoins, je me suis senti comme poussé du coude, et je me suis dit : « C'est le moment de rappeler mes travaux. »

Alors, des amis m'ont dit : « Es-tu sûr de ce que tu vas faire ? Est-ce bien opportun ? Ce n'est pas à toi qu'on s'est adressé. Ne te presse donc pas, Jean-François, ne te précipite pas. Tu es un habile ouvrier. Tu as su préparer les matériaux d'une grande tâche à remplir, elle se remplira. Nous croyons à ce que tu as démontré le premier. Tu es maître d'une vérité. C'est beaucoup. Il faut qu'elle grandisse; elle grandira. Il faut qu'elle aboutisse; elle aboutira. Mais, tu as été soldat, Jean-François, tu as combattu contre l'Autriche et contre la Prusse, tu as même été officier défendant le territoire, tu sais comme nous que pour poursuivre une route il faut calculer son temps, s'arrêter à propos, souffler, reprendre haleine. « *Qui veut voyager loin ménage sa mon-* « *ture.* » Donc, Jean-François, sois sage, sois prudent, si tu veux parvenir au but sûrement. »

Oui. Les amis ont raison. La théorie militaire dit que la précipitation est contraire au bon ordre; elle nous apprend ça; mais dit-elle qu'il faut toujours marquer le pas? Non.

Or, ce que les amis ne voient pas, je le vois pour eux, je le palpe, je l'ausculte, je le sens palpiter. C'est le moment où une chose arrive parce qu'elle doit arriver. C'est le moment où je devais vous écrire; je le saisis.

J'ai, quelquefois, j'ai même souvent lu bien des discours anciens et contemporains, ils ne m'ont guère paru plus utiles que les vôtres. Ce n'est pas tant l'éloquence, ce n'est pas tant l'effusion démocratique de vos discours qui me plaisent; c'est leur côté utile, généreux, si plein de belles promesses pour le présent et pour l'avenir.

Ce qui m'a satisfait et séduit le plus dans vos deux derniers discours aux chambres syndicales de Paris, c'est quand vous avez dit : « Qu'il faut résoudre un à un tous les problèmes dominant

notre époque au point de vue social. » C'est
« qu'ils doivent être l'objet de l'attention soutenue
de tous ceux qui s'occupent d'économie politique
et de finances. »

Voilà ce que j'appelle haranguer le peuple de
la bonne façon. Le texte à la main, je m'en allai
vers Jean, mon vieil ami et confident, mauvaise
tête, difficile à satisfaire : — Hein ! es-tu content,
cette fois ?

Jean a fait claquer sa langue en signe de son
approbation et de sa jubilation.

Quelle joie ! en effet, de vous entendre dé-
clarer :

« Nous résoudrons bientôt, la craie à la main,
les problèmes qui attendent leurs solutions. »

Revenez au pouvoir, Monsieur le Président,
par le scrutin de liste, composite ou uninominal,
nous n'aurons jamais assez de gratitude pour
vous si vous persévérez dans cette voie, qui est la
bonne, qui est la meilleure, à savoir : qu'il faut à
la politique scientifique une méthode qui se lise
au tableau.

Puissions-nous y lire bientôt, le plus tôt, Monsieur le Président ; nous en avons besoin, grand
besoin, malgré que tout aille bien, très bien, depuis que vous êtes là, solide au poste, inébran-
lable partout, grâces au plomb dont vous avez eu
la sagesse et l'heureuse inspiration de garnir vos
talons ; de sorte que vous êtes mieux calé au pouvoir que ne le furent, jadis, vos prédécesseurs

mal venus et mal assis dans leurs fauteuils vissés qu'on a culbutés sans peine, non sans motifs.

Puissiez-vous bientôt vous occuper vous-même de tirer à la craie les solutions attendues et nécessaires, et ne pas trop vous en rapporter, à cet égard, à la plupart de ceux qui enseignent l'économie politique. Il y en a un tantinet parmi eux dont le scepticisme impertinent s'allie mal à une médiocrité de vues très remarquable. Hommes de beaucoup de surface et de peu de fond, ceux-là professent et confessent, pour l'instruction du peuple, que l'économie politique n'offre pas de solutions par elle-même. Elle raconte. Il n'y a pas d'inconnue qu'elle puisse dégager. Elle ne crée pas. Elle n'invente pas. Il n'y a que des esprits malades qui trouvent des inconnues en économie politique. Il n'y a que des fous qui croient pouvoir extraire de ces inconnues quelque fait inentrevu par les économistes. Il n'y a que des fous qui prétendent pouvoir inventer et combler les lacunes de l'économie politique. Ils disent que les inventeurs dans cet ordre sont des fous furieux, des énergumènes, des compensateurs bouffons. C'est là ce que certains professeurs, nullement universitaires, adressent à ceux qui, en dehors d'eux et sans eux, s'occupent de cette science en hommes convaincus, en chercheurs.

Inventeurs grotesques, fous furieux, fanatiques. Ce sont les gentillesses adressées par des gens qui se targuent d'être des hommes d'étude à des hommes d'étude et de conviction, non d'ambition. Eux seuls sont les savants ; les novateurs sont des aliénés terribles, dangereux.

Ah ! je saisis parfaitement votre allusion aux théoriciens de cabinet. Vous les avez jugés. Vous les voyez, pour la plupart, s'attribuant une mission supérieure, un quasi-sacerdoce mystique et profane tout à la fois, confit au miel et au vinaigre. Et vous connaissez leur doctrine, leur dogme ?

« La richesse existe. La pauvreté aussi. La richesse est le fruit d'énormes sacrifices. Le salaire est une grâce. L'agio une nécessité. Ceux qui perdent l'agio, le gagnent. Ceux qui le gagnent, le perdent. L'économie politique a une vertu, c'est d'avertir les hommes que leur intérêt est de gagner sans perdre. Ceux qui n'y réussissent pas doivent se contenter de la consolation de l'hôpital où la charité privée accorde la compensation qu'on peut offrir à la misère. Un bon moyen de ne rien perdre, c'est de se procurer une et même plusieurs bonnes places dans le gouvernement. Ceux qui sont riches font le bien. Ils sont polis et pleins de complaisances pour les gens en place. Ceux qui sont pauvres ne pensent qu'au mal. Les riches prêchent la concorde. Les pauvres rêvent la guerre civile. On devrait interdire les plaintes des gens sans le sou, et enfermer les inventeurs. »

Jolie au possible cette théorie! Quelle harmonie! N'entendez-vous pas lui répondre le cri de douleur de Lamennais : « Silence au pauvre! »

Et remarquez, Monsieur le Président, que la loi pactise encore avec ces étranges évangélistes. Avez-vous dix-huit mille francs? vous pouvez créer un journal; vous pouvez écrire quotidiennement, économiquement. Vous n'avez pas dix-huit mille francs à verser au Trésor public, vous n'avez pas besoin de fonder un journal. On n'a pas besoin de vous entendre.

L'Economie politique de certains hommes de cabinet et de chaires orthodoxes est décidément bien singulière. Ils ne s'accommodent que de leur science; que voulez-vous que soit leur économie politique? un brandon de discorde. D'où viennent les « antagonismes allumés dans le peuple? » De ces inégalités choquantes, de ces anomalies stupéfiantes qui font qu'un homme en place, subventionné avec l'argent du peuple, puisse à son aise, et par concession de monopole, insulter le peuple qui le paie.

Ce n'est pas ainsi que vous entendez l'ordre économique et social, vous, Monsieur le Président, qui vous rapprochez des artisans sans vous écarter des « *dirigeants* ».

Vous qui savez penser ce que vous dites et parler sans qu'il vous soit besoin de compiler des livres décousus, vous qui avez l'inspiration initiale, vous qui savez discourir sans travestir la vérité. Vous, à la bonne heure! vous nous parlez de solutions possibles et qui peuvent se démontrer au tableau.

Vous ne voyez pas autour de vous que des énergumènes, et des chimères gravitant dans le prisme de votre haute position.

Vous voyez aussi la réalité, vous entendez la raison, la justice; vous connaissez la science, son origine, ses progrès, sa puissance, son but. Vous n'avez pas que de vieilles rapsodies, pas de vieux clodions retapés à nous offrir pour du nouveau chaque huitaine. Au lieu de la voix emphatique et de l'accent empoulé, paonétique, de ces déclamateurs béats et sournois, pour soutenir une thèse nouvelle, vous faites vibrer une voix mâle, franche et sonore.

J'en recueille un écho parvenu jusqu'ici :

« Le principe de la future Chambre réformatrice sera celui-ci :

« Tout ce qui peut se résoudre se démontre au tableau.

« Tout ce qui se démontre au tableau se résout et sera résolu. »

Votre auditoire vous a salué par ses bravos. J'applaudis aussi. Vos auditeurs ont été enthousiasmés. Je le suis avec eux; je vous félicite; je me réjouis.

Voilà aussi pourquoi je vous écris, non pour vous flatter, vous aduler, ne le pensez pas; vous auriez une fausse idée du caractère de Jean-François, très fausse même.

Je vous écris parce que j'ai une raison ; je vous la donne sans plus tarder.

Aux chambres syndicales, et en exorde, vous avez dit :

« Tout revient du travail, du travail fécondé. »

Eh bien, c'est vrai. Le travail fécondé l'est par le besoin, par l'intuition, par le génie, par le travail lui-même, et aussi par l'agio qu'on prélève sur lui,

« Tout revient du travail fécondé. » J'aime mieux cet aphorisme que votre propos des « couches sociales » que je ne commenterai pas. Vous devinez pourquoi.

J'en suis au motif de ma lettre.

Vous avez peut-être connu, à Bordeaux, le professeur J.-B. Lescarret, une plume de premier ordre. Dans tout le pays, de Libourne à La Réole, et peut-être un peu plus loin, il est cité comme un talent hors ligne. A la librairie Guillaumin on cote ses ouvrages. Des merveilles ! M. le ministre de l'instruction publique en a acheté des quantités d'exemplaires. C'est vous dire l'importance, le talent du professeur. Ici, c'est l'Oracle, c'est Minerve en redingote gravissant le grand escalier de la mairie, où il règne en maître, à ce qu'on dit, n'étant pourtant que simple clerc, et montant du même pas majestueux, solennel, à la tribune du cours de notre chambre de commerce.

Mais, j'y songe. Est-ce que vous vous faites lire la *Gironde-Journal*, Monsieur le Président? Pas tous les jours? Ah! c'est dommage! Vous sauriez mieux ce qu'est le talent de l'illustre auteur des « Simples notions d'économie politique à l'usage « des enfants des écoles primaires. »

Que d'enseignements précieux vous perdez en ne lisant pas tous les jours la *Gironde-Journal* et les articles de son rédacteur, M. J.-B. Lescarret.

M. J.-B. Lescarret nous tient lieu ici, à lui tout seul, de M. Garnier, de M. de Molinari, de M. Courcelles-Seneuil, de M. Block, de M. Passy, de M. Leroy-Beaulieu. Il résume en lui tous ces savants, plus encore M. Laboulaye, M. Pascal Duprat, plus encore les anciens physiocrates, et, en outre, il condense en lui-même Turgot, Vauban, Smith, Mills, Proudhon, et plus particulièrement Bastiat. Il égale tous ces hommes-là. Il les surpasse dans son opinion intime, qu'il ne dissimule pas. Enfin, c'est l'homme le plus savant de la contrée où naquirent Montesquieu et Montaigne. Il est donc très écouté. Je ne dis pas qu'il soit très compris.

Ce grand homme de ma province, qu'on classera parmi les types de Balzac, inspire le journal la *Gironde*, ou c'est le journal la *Gironde* qui l'inspire.

Il en résulte que, chez nous, comme ailleurs, l'*Economie politique* est aussi embrouillée, même plus entortillée qu'elle ne l'avait jamais été.

Quant au fruit de la politique du journal, vous savez probablement ce qui en est : aux dernières élections, 4,600 voix, dont 100 voix seulement de majorité, élisaient M. Achard qui eût pu être nommé par 20,000 voix si la *Gironde-Journal* et M. Lescarret ne s'étaient pas mêlés de vouloir le faire arriver quand même après avoir échoué pour faire nommer le cousin, M. Lavertujon.

Ce qui veut dire que la *Gironde*, soutenant votre politique à la condition de travailler au profit de ses amis, nuit considérablement à votre politique. Cela veut dire aussi que si les amis du journal la *Gironde* veulent passer au prochain scrutin, vous serez obligé de les prendre sous votre égide. On les nommera, c'est probable, étant présentés ou appuyés par vous. Ce sera donc pour vous être agréable. C'est ainsi que tous les gouvernements se sont perdus. Je crains sincèrement que cela vous fasse du tort. Qui vivra verra.

Cela vous fera du tort, parce que vous prêterez votre patronage pour en recueillir un appui qui vous fera défaut un jour; parce que vous n'obtiendrez pas, avec les idées, la foi politique et le savoir des amis de la *Gironde-Journal*, malgré tout le talent qu'il possèdent, vous n'obtiendrez pas, dis-je, cet approvisionnement de plomb économique qu'il faut à votre politique rationnelle et scientifique. Vous aurez de ces équilibristes qui nous font trembler toujours que la corde casse ou que le balancier leur échappe, et qui finissent toujours par faire le plongeon. Malheureusement, [quand le pied leur manque c'est le peuple qui plonge pour eux.

Votre politique rationnelle sera bonne et normale si elle s'appuie sur une bonne économie. Je vais vous donner un exemple que vous appuyant, à cet égard, sur la doctrine de la *Gironde-Journal*, vous nageriez dans le vide. Je donne mon exemple :

Il y a deux ans, M. Pouyer-Quertier vint ici faire un discours hostile au libre-échange. Sans aucun doute, voilà une des grandes questions que vous avez catégorisées en tête de votre politique.

Il va sans dire que M. Pouyer-Quertier ne pouvait raisonner qu'au point de vue de l'intérêt général et du sort des producteurs-consommateurs, c'est-à-dire de la classe la plus nombreuse.

M. Pouyer-Quertier traite le sujet à sa façon. Il n'est pas dans le vrai, c'est sûr.

Il fallait donc lui répondre. Où sont les hommes de lumière dans notre région? Au journal la *Gironde*. Donc, pour combattre victorieusement M. Pouyer-Quertier on ne connaît personne plus capable de le faire que M. J.-B. Lescarret.

A présent, nous voilà au fait :

Avant même que M. Pouyer-Quertier n'eût parlé, M. J.-B. Lescarret, sans se rendre à l'Alhambra, où était le rendez-vous pour la discussion, avait choisi et préparé son terrain, et,

v'lan ! M. Pouyer-Quertier à peine était-il descendu
sur le quai de Bourgogne qu'il recevait, au tour-
nant de la Chambre de commerce, une botte savante en pleine poitrine.

Le professeur J.-B. Lescarret aurait-il donc,
positivement, du plomb dans ses semelles ? Ou
bien se chausse-t-il chez Robert, le cordonnier de
la rue Chabannais, à Paris, lequel met des lames
d'acier dans les chaussures sortant de son atelier?
Ce que je sais, c'est que du fond de son cabinet
« loin du bruit, loin du tumulte, et des interrup-
tions, » et des répliques, « le professeur J.-B. Lescarret, campé sur ses reins, les jarrets pliés, un
pied soudé au sol, l'autre leste, sans opposition
de contres de quarte ni de tierce, par un simple
coup droit, porté d'une main sûre, au sein de
M. Pouyer-Quertier, faisait une large blessure.
Ainsi l'a raconté Théramène. Dans le style de
nos jours : M. Pouyer-Quertier, vaincu avant
d'avoir combattu, s'en est retourné désarmé, bou-
tonné, collé, klackboulé. Dans son malheur, il
s'est réfugié au Sénat, où il vient de prendre une
large revanche sur les bêtes à cornes. En sa qua-
lité de président de la commission du tarif des
douanes et de filateur, il donne du fil à retordre
aux Libres-Echangistes, qui de longtemps n'en
finiront avec lui si l'on ne se décide d'envoyer
M. J.-B. Lescarret au Sénat. Rien qu'en le voyant
paraître, M. Pouyer-Quertier s'enfuira.

Vous me direz : c'est un rude maître d'armes

ce M. J.-B. Lescarret. Je voudrais bien qu'on m'apprît la botte qui a terrassé ce bon M. Pouyer-Quertier.

La connaître n'est pas difficile : vous la trouverez au journal la *Gironde*, enveloppée, sous couverture bleu tendre portant cette suscription :

« Libre-Echange et Protection. Anéantissement de M. Pouyer-Quertier. »

Voici la botte, et le secret avec; sous la couverture, vous lisez :

« Sachez, Monsieur le Sénateur, que la France, grâces aux quatre mille articles du tarif des douanes et du Libre-Echange, a pu traiter tant à l'extérieur qu'à l'intérieur, en 1876, 9 milliards et demi d'affaires; en 1878, 9 milliards et demi encore. Vous n'en avez jamais fait autant quand vous étiez ministre et tout-puissant. »

Il n'est pas question de 1877. Il n'y aura pas eu d'affaires cette année-là. Enfin, voilà les chiffres. Vous vous expliquez maintenant la confusion de M. Pouyer-Quertier, qui aurait voulu discuter et chicaner pour quelques millions.

Quelqu'un ayant eu la complaisance de m'offrir cette brochure savante, je la mets volontiers à votre disposition. Je l'ai lue il y a quelques jours seulement, car, ainsi que vous l'entrevoyez, un ouvrier n'a pas le loisir de lire à son gré.

Ces 9 milliards et demi jetés à la tête de M. Pouyer-Quertier m'ont fait rêver. D'où viennent ces chiffres? Du Tableau général du commerce, M. Lescarret, qui est le secrétaire particulier de notre mairie, de dix heures à quatre heures du soir, a tout le temps, lui, de consulter les documents, de se renseigner, de puiser [aux sources officielles. Donc, ces chiffres sont sérieux, très sérieux.

Savez-vous, Monsieur le Président, ce que j'ai reconnu dans ces chiffres ? J'y ai découvert une erreur de 4 milliards et 800 millions. Les camarades de votre serviteur appellent cela « une paille ». Si les chiffres officiels sont si peu exacts, c'est raide, c'est fort, c'est trop fort.

Gageons, Monsieur le Président, que vous allez vous exclamer : C'est une plaisanterie !

Monsieur le Président, avec tout le respect, c'est sérieux, très sérieux. Il y a une erreur de 4 milliards et 800 millions dans les chiffres authentiques du Tableau général du commerce.

4 milliards et 800 millions, ou près de 5 milliards rapprochés de 9 milliards et demi, cela doit paraître. Eh bien! vous pouvez le voir comme moi, et vous pouvez être assuré que le savant professeur J.-B. Lescarret ne l'a pas vu. C'est donc une primeur.

A combien les statisticiens estiment-ils le revenu de la France? A 14,300 millions environ. D'où vient ce revenu, évalué par M. Block et autres auteurs?

Ce revenu revient du travail, du travail fécondé.

Qu'est-ce que le Travail?

Effet et cause de la commutation continue des capitaux, de l'échange universel et constant. La cause, c'est le besoin de consommer.

L'effet, c'est le besoin identique.

— Comment appelle-t-on l'aliment de la consommation ?

— Le Revenu du Travail.

— Où est la mesure du revenu?

— Dans le travail, dans l'argent, dans l'agio condensé.

Le chiffre total du revenu consommé en France est de 14,300 millions de francs.

Qu'est-ce que le franc ?

L'expression mathématique de l'agio condensé.

14,300 millions de francs représentent donc 14,300 millions d'agio.

Qu'est-ce que l'agio ?

Le produit des capitaux mis en jeu. Le produit du travail.

Le chiffre total du revenu consommé en France est de 14,300 millions de francs. Le tableau du commerce indique 9,500 millions d'agio. On s'est trompé au tableau de 4,800 millions de francs.

Ci, erreur de 4,800 millions de francs.

Ceci n'est qu'une constatation dans le genre des travaux habituels des économistes politiques.

C'est la constatation d'une différence existante entre des chiffres.

— Cette différence est-elle bien le produit d'une erreur ?

— Oui, mon Président.

Un simple coup d'œil vous a suffi, Monsieur le Président, vous êtes fixé. La mémoire des nombres vous sert à merveille ; votre doigt sur le tableau appelle le dégagement de l'inconnue ; la preuve de l'erreur, la voici :

J'ajoute au chiffre du tableau
du commerce, qui est de..... 9.500 millions,
le montant des impôts qui est,
d'après M. Leroy-Beaulieu, de 4.800 —

Soit ensemble..... 14.300 millions.

La lacune est comblée. Nous tombons parfaitement d'accord avec les économistes capables qui ont fait la statistique du capital et du revenu du pays.

Quant à notre grand homme de Guienne, descendant de Montaigne en ligne courbe, ce ne serait pas une preuve pour lui. C'est un gaillard qui ne se contente pas de peu. Ce n'est pas un savant qui se laisse toucher par une preuve. Il lui en faut beaucoup, à ce qu'il dit. Quand il parle de l'arithmétique appliquée à ses travaux, moi, je ris.

Il faut établir, n'est-ce pas, Monsieur le Président, qu'il y a des phénomènes économiques d'apparence fluide qui sont tangibles, tellement ils sont saisissants.

J'extrais l'exemple suivant d'une composition inédite d'arithmétique appliquée à l'économie politique, composition à laquelle je burine après les travaux ordinaires de la forge, après ceux qui font bouillir ma marmite. Je ne vous avais pas encore appris que je suis forgeron de mon état. Vous serez content de savoir ça, comme à moi ça me fait plaisir de voir un homme comme vous, un vrai savant, s'occuper du bien-être de tous. Aussi, êtes-vous le patron politique des ouvriers. Dans le temps, c'était le regretté Ledru-Rollin. Quel malheur que nous l'ayons perdu ! Il est parti trop tôt. Enfin, ça ne fait rien, vous pouvez le remplacer tout de même, si vous voulez.

J'en étais aux 14,300 millions de revenu des statisticiens.

Il me plaît, ce chiffre ; celui du tableau du commerce aussi, tout faux qu'il soit.

14,300 millions de revenu, ça peut se diviser en deux parties : moitié en revenu agricole, moitié en revenu industriel. Moitié de l'un, moitié de l'autre égalent pour chacun des deux genres de production 7,150 millions. Soit pour les deux moitiés : 14,300 millions

C'est un joli denier. Je ne suis pas surpris, vous non plus, s'il y a tant d'équipages à la Daumont qui courent les rues.

Les milliards poussent chez nous, grâces au travail fécondé, bien plus vite que les lunettes sur le faux-nez en carton de certains économistes.

L'Etat, enchanté d'une situation si florissante, s'oblige à un prélèvement de 4,800 millions d'impôts, c'est-à-dire d'argent monnayé, 4 milliards et 800 millions de francs.

Par quelle opération puis-je avec les 4,800 millions vérifier l'erreur des 9,500 millions et avec les 9,500 millions contrôler les 4,800 millions?

Car, vous l'avez très bien dit, très bien posé en principe :

« Il ne suffit pas de prétendre ceci, de proposer « cela, il faut vérifier, contrôler. » C'est ce que nous faisons. Après cela, nous aurons encore bien de l'ouvrage, allez, Monsieur le Président ; on en viendra à bout. Le contrôle, ça nous va.

Assistons aux virements du numéraire, nous allons avoir tout de suite la preuve nécessaire ici.

Avec une première portion du numéraire en mains, l'Etat s'applique sur 7,150 millions de production agricole, moitié effective de l'impôt, soit pour une provision en argent de 2,450 millions ; 2,450 millions de produits agricoles ; et pour reste aux producteurs agricoles.................. 4,700 millions

Avec la deuxième portion du numéraire, l'Etat s'applique sur le revenu industriel moitié effective de l'impôt, soit pour une deuxième part de provision de

____

A reporter........ 4,700 millions

Report....... 4,700 millions

2,450 millions en argent, 2,450 millions de produits industriels prélevés, et pour reste aux producteurs industriels............ 4,700 millions

Ensemble, pour reste... 9,400 millions

9,400 millions au lieu de 9,500 ; à mon tour, me serais-je trompé de 100 millions? Oh non! ces 100 millions d'écart, ce sont les 100 millions d'excédent du budget de 1880, que M. Leroy-Beaulieu n'a pas comptés. C'est clair, n'est-ce pas, Monsieur le Président?

Je me hâte de finir.

Les virements effectués sur 14,300 millions de produits, le peuple consommerait 9,400 ou 9,500 millions. Le peuple accomplît un travail qui laisse 14,300 millions à consommer. L'administration absorbe 4,800 millions par les virements indiqués.

Ces virements s'appellent, dans le langage pédagogique et politique du journal la *Gironde*, l'effet de la main tutélaire de l'Etat, « qui répand en travaux » l'argent que le peuple lui donne et qu'il ne rend que contre des produits.

Eh bien, mais ces produits dont l'Etat prend livraison représentent un chiffre de négociations sur nos marchés; c'est l'argent qui fait virer ces produits de la somme de nos stocks. Y a-t-il transaction ou n'y en a-t-il pas?

Ajoutons donc au tableau du commerce, c'est-à-dire aux 9,500 millions, 4,800 millions d'impôts ou de produits prélevés sur nos soultes pour entretenir l'Etat, et nous aurons 14,300 millions, somme totale et exacte du chiffre de la production négociée et consommée, chiffre net produit par le capital mis en jeu, par le travail d'où tout revient. En faveur de l'Etat, il est sacrifié tous les ans 4,800 millions du produit net du commerce.

Les 4,800 millions doivent donc figurer au tableau du commerce. D'où vient qu'ils n'y soient pas compris?

Si l'on nous disait qu'on ne peut pas les y admettre, il faudrait répliquer:

Quatre milliards huit cents millions d'impôts, c'est-à-dire de numéraire prélevé par l'Etat, échangés ensuite contre des produits, ne sont pas une somme qui puisse figurer en augmentation du compte général des transactions commerciales, mais seulement au compte de retranchement de la production et des négociations générales.

Dans ce cas, au lieu de 9,500 millions de jouissance de revenu et d'affaires, nous n'avons plus que 4,800 millions, juste autant qu'on nous prend.

Ce qui manque au compte général du tableau du commerce ne manque qu'à notre consommation, non au compte de négociation.

Ce qui manque au compte de notre production, c'est la production absente des improductifs.

On ne saurait trop vérifier, trop contrôler. Les virements s'accomplissent-ils bien dans les conditions décrites? Vérifions.

Les chapitres donnés par les statisticiens sont bons. Les chiffres du tableau du commerce sont pour nous le contrôle du déficit occasionné par l'Etat à raison de ses prélèvements sur la production.

Au moyen du numéraire, l'Etat fait virer des comptes du commerce une somme considérable de produits achetés et payés par lui avec l'argent des salariés et des producteurs employeurs.

Au moyen du numéraire, l'Etat obtient l'effet simultané du retranchement sur les industriels, qui en tiennent compte aux agriculteurs; sur les agriculteurs, qui en tiennent compte aux industriels, chacun manœuvrant pour son compte et cherchant à tirer son épingle du jeu. De telle façon que la répercussion de l'agio est générale, que le fisc frappe partout, et que la rétrocession du numéraire contre les produits n'est qu'une compensation fictive des produits partout enlevés par le fisc. Cette opération donne lieu à un compte qui est pour le commerce le compte de sa privation, laquelle est égale à l'improduction de ceux qui absorbent les 4,800 millions.

M. Pouyer-Quertier et les économistes discutent du libre échange et de la protection au point de vue du profit public et du sort des ouvriers, car ils savent que la richesse d'un peuple n'est réelle qu'à la condition que la consommation du peuple soit assurée par un salaire rémunérateur.

Pour eux, c'est donc une question de prévision dans l'application des taxes fiscales en vue de ménager le taux des salaires.

Pour eux, disent-ils, le salaire, le bien-être de l'ouvrier, voilà leur grande préoccupation. Ces messieurs n'ignorent pas que le salaire de l'ouvrier subit sur les marchés l'influence de l'agio, qu'il subit le montant de l'impôt. Si ces messieurs se trompent en prenant des chiffres faux pour base de leurs calculs, comment peuvent-ils prendre une moyenne des salaires et s'assurer du bien-être? S'ils ne peuvent connaître la moyenne du salaire, comment peuvent-ils connaître la moyenne de la privation?

D'après leurs chiffres, le taux moyen du salaire serait de 2 francs 89 centimes par jour, sans chômage.

Selon moi, il devrait être de 4 francs 39 centimes par jour, sans chômage.

Je nous trouverai donc beaucoup plus riches que ces messieurs ne le supposent.

Mais quand j'ai déterminé le taux du salaire, je calcule le taux de la privation. Je dis qu'elle est correspondante, pour la part que nous allouons à l'Etat, à 1 francs 82 centimes par jour.

Je déduis cette somme du taux du salaire fictif; il ne reste plus que 2.57 (taux moyen, solde d'un ouvrier assez favorisé.)

Ces messieurs ne font pas de déduction, et ce sont eux qui nous font beaucoup moins pauvres que nous ne le sommes en réalité. De 4.39, taux moyen que nous devrions avoir, ôtez 2.57, et dites-nous ce que cela représente pour 9 millions de familles, pour l'Etat, pour le commerce.

La privation à 1.82 par jour sur le salaire, s'effectue par le retranchement opéré au moyen de l'agio qui frappe les produits au profit de l'Etat et des communes, d'un impôt, non pas de 4,800 millions, mais de 6 milliards par an. Et l'on se vante, à la Commission du budget, d'avoir 100 millions d'excédant ! Qui est-ce qui paye cet agio ? L'ouvrier.

Eugénie Fiscalité, cette arrogante maîtresse-servante qui fait la collecte pour les besoins de l'Etat, s'alloue, pour elle seule, 20 à 25 0/0 du produit de notre privation, soit un milliard ou 1,200 millions par an.

Eugénie Fiscalité a donné bien des acquits et des congés dans sa vie ; ne serait-il pas temps de lui donner le sien ?

Enfin, Monsieur le Président, votre perspicacité dévoile le peu de profondeur de ces théoriciens dont a parlé aussi M. Floquet à la Société des comptables. Belles théories, en effet, que les leurs ! Beau fouillis de clauses économiques. De la tête à la queue, tout est dans le goût des chiffres du professeur Lescarret.

Au tableau, en thèse générale, on les défie

d'apporter les preuves de leurs raisonnements prétentieux.

Depuis la fameuse erreur économique connue sous le nom «d'organisation du travail,» laquelle a occasionné la sanglante révolution de Juin et le déraillement de la deuxième République, jusqu'à l'idée des Valois, reprise en sous-œuvre par des économistes vraiment bien étonnants, on assiste à de curieuses conceptions.

Elles trouvent des contradicteurs sérieux. Seules, les théories qui défient la critique sont reléguées dans les cartons d'où il faudra cependant les faire sortir. Nous comptons sur vous pour cela.

Je termine. J'aurais bien voulu vous parler de la balance du commerce et d'autres choses encore. Ce sera pour une autre fois.

En attendant, je le répète, on est heureux de vous voir recueillir la succession des Mirabeau, des Vergniaud, des Ledru-Rollin. Pour venir à bout de votre œuvre, il faut tâter l'opinion un peu partout. Il faut vous inspirer de l'idée générale. Où la puiserez-vous? Dans le journal la *Gironde?* Chez le professeur Lescarret? C'est assez maigre. Avec cela, vous n'irez pas bien loin. Il semble que notre province ait cessé de fournir des hommes. Autrefois, notre contrée était la pierre de touche des mouvements en avant et de toutes les réactions. Après les Vergniaud, on a acclamé ici le Corse Ier, puis le duc de Bordeaux;

le 31 Juillet a trouvé ici son cours ; on y retrouve les arbres de liberté de 48, et la plaque de marbre de la Bourse rappelant les paroles du Corse IIIe : « L'Empire, c'est la Paix. »

Aujourd'hui, on attend tout de vous, parce que vous apportez la politique rationnelle, chose que les anciens partis avaient oubliée dans leur cabas, une fois installés au pouvoir. Vous conduisez le mouvement, vous êtes à la barre, ne négligez pas de lire les nouvelles cartes, de vérifier les nouveaux calculs.

Nous espérons que vous viendrez ici nous montrer vos solutions. J.-B. Lescarret se tiendra au pied du tableau.

Je vous fournirai la craie, si vous le permettez, mon Président, et ce qui doit se résoudre se résoudra.

Ainsi soit-il.

J'emprunte le plomb de mon imprimeur pour que la présente ait plus de poids auprès de vous. Je désire qu'elle vous trouve en bonne santé, vous et les vôtres, Monsieur le Président, ainsi que notre honorable chef à tous, M. Grévy, que nous conserverons longtemps, je l'espère, avec vous, pour la parfaite conservation de la République et le maintien du bon régime contre les ambitieux et les intrigants suspects.

Je vous salue avec honneur et la considération d'un simple ouvrier.

P. S. — Parvenu au bout de ma lettre, vous faites cette réflexion que je devine :

« Ce Jean-François est une. tête sans cervelle. Au lieu de me parler de ce M. J. B. Lescarret, que je ne connais pas du tout, et que je n'ai pas besoin de connaître, du reste, il aurait mieux fait de me dire qu'elle est cette vérité dont ses amis prétendent qu'il est le maître. »

C'est juste, mon Président.

J'allais oublier d'en faire mention, parce que je me figure qu'aujourd'hui tout le monde la possède aussi bien moi.

Vous connaissez l'hôtel des Chambres syndicales de la rue de Lancry. Là, on avait installé en permanence, au second, à gauche, une Société d'études pour les réformes économiques, particulièrement fiscales.

Depuis M. Hennape, le marchand drapier, auteur du projet de triplement de la patente, jusqu'à moi, tout le monde a connu cette Société, aujourd'hui défunte.

Que les très hauts et puissants économistes du paradis reçoivent son âme par l'intercession des révérends pères économistes vivants.

Déconfite et décédée, la Société d'Etudes n'a jamais fait connaître le résultat du concours ouvert par elle. Alors, vous n'avez pas pu savoir que j'avais battu M. P. Duprat, battu Yves Guyot, battu Limousin, battu tous les sociétaires auteurs ou partisans de projets quelconques ?

On ne vous l'a pas appris ? Tiens ! c'est drôle.

M. Foucher de Careil ne vous en a rien dit. Ça m'étonne. Moi je sais pourtant ce qu'il en pense.

M. Emile de Girardin ne vous a pas parlé non plus de la petite lettre que je lui avais adressée. Non. C'est qu'il n'y aura pas pensé. Un homme qui s'occupe de tout doit forcément oublier quelque chose.

Et mon Mémoire à la Chambre, vous ne l'avez pas lu, Monsieur le Président ? Le fait est qu'il n'est pas fameux par le style.

Il paraît qu'on va mettre des tableaux dans la Chambre pour remplacer la tapisserie. C'est très bien ça. On pourra crayonner là-dessus. Vive les solutions !

Des solutions, nous en aurions besoin, je le répète, car voici une triste nouvelle : Hier, un homme s'est pendu. Le journal la *Gironde* nous l'apprend. D'abord, j'ai cru que c'était un trésorier général qui, fatigué de la vie, avait mis fin à ses jours. C'était un charpentier marié, père de trois enfants, privé de travail. Il a choisi le jour de Pâques, c'est-à-dire le jour de la célèbre résurrection, pour en finir avec sa misère.

Le journal la *Gironde* s'apitoye. Quelle bonne âme ! Tous les jours, elle nous raconte que si les ouvriers savaient épargner ils seraient tous riches. Quelle idée ! Croyez-vous que je ne sois pas de force à battre la *Gironde* sur la question du salaire et de l'épargne ?

Tout cela m'éloigne de ce que vous désirez savoir.

C'est bien simple :

Devant une commission de soixante députés, je me fais fort de vous prouver, en séance publique, en présence de la commission du budget et de la commission dite «de la circulation monétaire», que par ma méthode de comptabilité, à l'aide de la Monnaie-taxe, par une expérience pratique, combinée avec des opérations commerciales simulées, on peut économiser un milliard par an.

Que ce milliard est de bénéfice direct pour le peuple tout entier; que ce bénéfice sera correspondant à l'abaissement de la cote moyenne des impôts, qui sera dégagée au tableau pour devenir cote unique.

Je suis à vos ordres.

Si ma proposition n'est pas acceptée, je demande qu'on me cède en amodiation les recettes et la charge des dépenses publiques actuelles. Je vais trouver M. de Rothschild ou un banquier anglais, s'il le faut, et avec le concours de l'un ou de l'autre, nous vous offrirons 500 millions de bénéfice par an, d'excédant net au profit de l'Etat. Nous aurons encore un joli bénéfice, et nous réduirons la charge de l'impôt des 500 millions qui vous reviendraient.

Les comptes feront foi, et vous aurez droit de contrôle.

Acceptez-vous?

Vous répondrez oui ou non par la voie du journal la *République française*.

Le *Journal des Débats* est convié à l'examen de la question.

Je prépare mes tableaux.

Saluts sincères,

Monsieur le Président,

et réassurances de dévouement à l'intérêt public.

E.-J.-F. PROUX,
Forgeron-ajusteur,
Auteur du *Système de Monnaie-Taxe*.

Bordeaux, 24 avril 1881.

Paris. — Imp. Nouv. (assoc. ouv.), rue des Jeûneurs.
G. Masquin, directeur.